白鹭洲水街

—— 休闲·文化·旅游街区

李浩年　主编

东南大学出版社
南京

内容提要

本书以南京白鹭洲公园水街为例,充分诠释和把握文化特色,从前期的现状调研、分析到设计思想、理念的形成,直至最终形成方案、施工图落实及建成,详细阐述了文化街区的营建过程。书中内容翔实丰富,包括文字介绍、设计方案、施工图纸以及建成后的照片等,有很强的实用性,对如何营造文化街区有一定的借鉴作用,可供建设部门相关专业人员以及爱好者阅读、收藏。

图书在版编目(CIP)数据

白鹭洲水街:休闲、文化、旅游街区/李浩年主编.
—南京:东南大学出版社,2013.1
 ISBN 978-7-5641-4091-5

Ⅰ.①白… Ⅱ.①李… Ⅲ.①城市道路—概况—南京市 Ⅳ.①K925.31

中国版本图书馆CIP数据核字(2013)第014363号

书　　名	白鹭洲水街——休闲·文化·旅游街区	
主　　编	李浩年	
策　　划	霍举成　陈　伟	
责任编辑	戴　丽	
装帧设计	汤文浩	
责任印制	张文礼	
出版发行	东南大学出版社	
地　　址	南京四牌楼2号　(邮编210096)	
出 版 人	江建中	
网　　址	http://www.seupress.com	
印　　刷	利丰雅高印刷(深圳)有限公司	
开　　本	889 mm×1194 mm　1/16	
印　　张	5.25	
字　　数	120千	
版　　次	2013年1月第1版	
印　　次	2013年1月第1次印刷	
书　　号	ISBN 978-7-5641-4091-5	
定　　价	45.00元	
经　　销	全国各地新华书店	
发行热线	025-83791830	

本社图书若有印装质量问题,请直接与营销部联系,电话(传真):025-83791830

项目设计负责人:
李浩年,南京市园林规划设计院有限责任公司董事长、总经理、研究员级高级工程师。

项目设计专业负责人:
陈伟,南京市园林规划设计院有限责任公司总工程师、总建筑师、国家一级注册建筑师、高级工程师。

姜丛梅,南京市园林规划设计院有限责任公司总经理助理、建筑结构所所长、国家一级注册结构师、高级工程师。

序一
Preface 1

　　《白鹭洲水街》历时经年，即将付梓。作为水街决策者、规划者和建设者，我见证了水街从偏于一隅的破旧棚户区到重现金陵古四十八景——"秦淮渔唱"的历史性嬗变，尤感欣慰。南京园林规划设计院有限责任公司董事长李浩年先生嘱我作序，盛情难却，谨附浅见，勉其为序。

　　李浩年先生多年从事园林景观设计工作，理论学养深厚，实践经验丰富，曾主持中国近代史遗址博物馆景观设计、南京奥林匹克体育中心景观设计、南京火车站站前广场景观设计等数十项重大景观设计工程。在秦淮白鹭洲水街设计过程中，以独有的韵律把江南传统建筑元素马头墙、花格窗、青砖、碧瓦、粉墙融为一体，河道、桥梁开合有序，古朴典雅。水街呈现金粉楼台，桨声灯影，饮酒品茶，泛舟观景，已成为南京"游在金陵、娱在金陵"有机交融的绝佳去处。

　　《白鹭洲水街》研究总结水街细部设计，深入探讨水街的风格定位、功能定位、文化定位、手法定位，为国内历史文化街区恢复重建提供全新的视角、模式和路径，是一件极为有意义的事情。

　　"不经一番寒彻骨，哪得梅花扑鼻香"。《白鹭洲水街》是李浩年先生继《风景园林规划设计50例》之后，又将出版的一本风景园林方面的专著，可喜可贺。

2012年8月6日

序二
Preface 2

作为白鹭洲水街的建设与管理者，规划建设水街有以下几点体会。

关于规划定位：2006年我们启动白鹭洲公园环境综合整治，依据白鹭洲公园的江南山水园林格局，着力重现明清时代金陵胜境"秦淮渔唱"意境，沟通白鹭洲公园与十里秦淮水系，策划规划了白鹭洲水街的建设。

关于特色体现：水街启示于江南水乡古镇建筑和布局，与白鹭洲特定的环境与韵味相融合，这与夫子庙目前河厅、河舫的单一布局有所不同。水街定位为文化休闲旅游的小型综合体，在细节上同样体现江南明清建筑特色，其尺度把握恰当，马头墙、粉墙黛瓦、斗拱翘檐、花格窗、古井、小桥等，处处呈现精致。在建设过程中，我们还想方设法搜集旧料老石及建筑构件，用于项目建设。如今徜徉水街，石板铺地、石砌驳岸、石桥、石刻等等，处处给人以沧桑感。

关于营造手法：水街处于秦淮乃至金陵历史积淀深厚区段，明城墙、鹫峰古刹、古树名木等，既是建设限制条件，更是文化景观要素。建设中，我们以"因地制宜，严格保护"为前提，遵循"巧于因借、精在体宜"的传统造园原理，达到了"虽由人作、宛自天开"的效果，总体和谐，互为成景。

欣逢盛世，为我们提升城市品质创造了机遇；水街就是一个传承历史、延续文脉、塑造特色的地方。愿大家有机会到水街走走，并享受这里的建筑之美和文化情趣。

2012年10月8日

王府花园白鹭洲
粉墙黛瓦月影中
近水楼台画舫至
浪拍石岸听歌声

顺沿步道上拱桥
霓虹灯影映水中
曲廊花窗景致多
鹫峰寺内传钟声

洪武城墙今犹在
新将武定城门开
秦淮河水绕街过
画舫荡破楼影来

鹫峰寺内香火旺
白鹭洲畔歌舞狂
诗仙斗酒再吟唱
千愁一解遗长安

目 录
Contents

水街情怀	01	Feelings of the Water Street
白鹭洲水街的整体概况	02	Overall Profile of the Bailuzhou Water Street
白鹭洲水街的建设及功能运用	04	Construction and Functional Use of Bailuzhou Water Street
当下文化街区的认识	08	Understanding of the Present Cultural Blocks
白鹭洲水街各部分设计及实景赏析	10	Design & Graphic Appreciation of Bailuzhou Water Street
区位	11	Location
总图	15	General Plan
南段	19	The Southern Part
中段	29	The Middle Part
北段	37	The Northern Part
白鹭洲水街细部实景赏析	49	Detail Graphic Appreciation of Bailuzhou Water Street
白鹭洲水街夜景赏析	58	Night View Appreciation of Bailuzhou Water Street
获奖情况	72	Awards
后记	74	Postscript

水街情怀
Feelings of the Water Street

飞檐翘角，粉墙黛瓦，临水而筑，以河为路，船走街中：这一极具江南风味的景象浮现在眼前。特色的水街给昔日的王府花园增添了无限生机，无论春、夏、秋、冬四季，还是早、中、晚各个时辰，以及阴晴雨雪气候变换，这里都给人们无限的遐想和愉悦。尤其夜晚，画舫浮行，霓虹灯影，丝竹声声……更是充满了都市欢乐。为市民、为游客提供了一个充满水乡风情、展示历史文化底蕴的城市景点。

1 水街情怀

白鹭洲水街的整体概况
Overall Profile of the Bailuzhou Water Street

（一）白鹭洲水街

"水街"位于白鹭洲公园东侧，北距内秦淮河百余米，东临明城墙，西为夫子庙，与众多最具特色的旅游资源紧密结合，是南京重要的旅游区与文化底蕴特色区。"水街"由南至北长约200米，景区占地约3200平方米，其中建筑总面积5200平方米，是一条集古典园林、传统文化和都市休闲为一体的文化景观特色街区。

白墙、灰瓦、小桥、流水、轻舟、石板……这些传统元素在这里得到有序整合。坐着秦淮画舫一路到达水街，"锦绣十里春风来，千门万户临河开"；"三山半落青天外，一水中分白鹭洲"的意境犹然再现。

（二）白鹭洲水街的营建

2006年白鹭洲公园开始进行环境综合整治，当时这里是公园的游戏小乐园，位置较偏僻，仅作为周围居民的简单娱乐场所。在公园环境综合整治规划方案中，拟在此建一"江南水街"，这是当时规划中的主要内容之一。为了体现区域特色，在综合整治中还设想恢复"白鹭十景"特色景观，为游人营造一种有品位、好记忆的文化意境。从区域整体游览环境出发，让秦淮画舫能直接进入白鹭洲公园，到达游览水上舞台。这样，水道与文化街巷结合就自然形成了"水街"，当然，两岸的建筑在布置、体量、风格等方面就显得尤为重要。

（三）白鹭洲水街的文化特色

建成的"水街"很好地把握了环境特点，别具一格的江南园林特色建筑错落有致，体量宜人，水道宽窄得体，亲水性强，拱桥、连廊的变化更显水街的深远。在这里值得注意的是，水街在整体建设中对"旧"石材的运用，如石桥、石岸、石路广场等，均显示出古街特色底蕴。

文化特色——巧于因借，精在体宜

巧于因借就是巧妙地把周边景观融入到你的环境中，给人步移景异，咫尺山林，相互有景之感，这也是我国造园中的重要手法，是评判造园优劣的重要标准之一。精在体宜是指你所设计、放置的建筑、山体、道路等与你所处的环境是否融洽，所谓大则嫌大，小则嫌小，把握好尺度，这是设计中的难点。

首先在平面布局上，"水街"因势就地呈南北向线形，这样很好地组织了水路往返和游线开展，使白鹭洲南部景观由拱桥自然引入"水街"。在东侧，林木之间抬头可见明城墙雄姿，西侧山丘、水杉、河口等既阻隔又融合，在北端，虽西北向有鹫峰寺，但总体较轻透，在设计时"水街"有一主体建筑在北端收尾。"水街"自然与公园成为总体，整个"水街"由南到北、从东至西一气呵成。借的是白鹭洲公园整体景观，沿线景致，宜的是平面体量得体，空间余量大。

第二，在竖向设计上，水街能因"水"设屋，因"墙"取势，在建筑上以二屋为主，屋脊、檐口等标高均得到很好地控制，这也得益于水道水位这一自然因素的良好条件，从而形成了适宜得体的"水街"。

第三，在色彩上水街以白墙灰瓦这一江南园林特色为主调，只是门头等部位进行了商业刻画，一方面与公园总体环境相协调，另一方面素雅的色调也减小了整体建筑的体积感，外看疏散宜人，内游丰富集中。

第四，在配景上，"水街"依据"巧于因借，精在体宜"的原则，从公园总体环境出发，注重石桥、石路、石岸、石墙等的选置，达到互为景致，宜人舒适的效果。

文化特色——古城遗韵，特色再现

"水街"的位置确定了其沧桑的历史背景，这里曾是王府花园，古秦淮水系的一部分，更在南京最具市井文化的夫子庙，历史文化特色明显。东侧恢弘雄壮的明城墙与北部鹫峰寺宝塔等周边景观资源形成山环水绕靠城的空间格局。

青砖、白墙、灰瓦、花窗、画舫、飞檐、小桥、流水，传统的江南特色建筑逐渐浮现；这正是朱自清笔下的十里秦淮：金粉楼台、波光粼粼、桨声灯影，河道曲折，游走其间……这是记忆中的风雅圣地，亭台楼榭、才子佳人、故事传奇。漫步"水街"划船听戏，品尝地方小吃，看民间绝活，体味文化特色，领略风情韵味，这里的文化滋润和哺育着一代又一代人，他们又以自己的努力和创造，继续传承、丰富着秦淮文化。"水街"已成为秦淮文化中的一个元素和内容，是令人难忘的都市文化休闲景地。

3 白鹭洲水街的整体概况

白鹭洲水街的建设及功能运用
Construction and Functional Use of Bailuzhou Water Street

（一）规划及设计

总体规划布局：

体现街巷特色，强调空间的线性特征

在规划中，为形成富有情趣的水巷空间，须着重处理好水街的高宽比例，如果高宽比例失调，将弱化水巷空间感，破坏"水街"的"街"特色。根据城市外部空间设计有关理论及经验总结，我们在规划中将水街高宽比例定为1:1～1:1.5，建筑临水高度为6～7米，则水街宽度为6～10米（不包括广场），这样就形成空间的幽深感。水系平面规划上也是忌直求曲，平面由曲折线组合而成，空间曲曲折折，幽深与开阔相间，行成水曲山夹峰回路转的意境，从而构成清新隽永的江南水乡景色。

街因水而成，建筑单体及竖向强调与水的关系

白鹭洲水街建于2007年，位于白鹭岛与明城墙之间，水街的形成首先在于河道的开挖，规划中河道以硬质条石驳岸为主，水道中部顺小岛内等高线曲折，两端稍外倾贴近7米宽现有道路，形成曲折有致，宽窄不一，有进有退的水街河道。

两侧建筑处理上，东侧即东街的建筑以贴岸，或悬挑于水面之上的建筑为主，体现"人家尽枕河"的意境；西侧，即西街建筑有三种剖面形式："建筑＋临水开放骑楼"、"建筑退后＋临水道路"和"建筑＋小巷＋临水带骑楼建筑"。河道两端设有廊桥和石拱桥，桥净高3米，中部水巷最窄处为水上过街楼。这些处理丰富了水街的纵向空间层次，并形成景观节点，从而自然形成停息点，达到游线动静分明。

临水建筑处理形式多样，有沿河一侧建筑后退，并在临水设有骑楼式通廊，形成虚的立面，游人遇雨而不湿；有临水建筑挑于水面，更加有亲水感觉；亦有尺度小巧的私家码头；也有广场，大尺度临水台阶。为增加亲水性将水岸标高定位7.0米，与常水位水面高差50厘米，岸与用地高差为1.5～2.1米。通过台阶、庭院、跌落廊架或大进深建筑后错层的处理，以达到临水建筑亲水的目的。

通过以上处理，形成本案整体游览道路系统，即西侧街巷以林和游线为主，通过二桥一楼至东岸，东岸道路利用原有7米宽道路和两个对景广场，形成游线环路。

"水街"手绘创意草图

设计要点——风格定位

从南京市旅游、秦淮河风光带旅游和白鹭洲公园固有特色的角度出发对水街进行定位，总体风格把握上以恢复传统江南园林特色为基调，营造幽静、高雅的园林风格，形成展现历史传统文化特色为主的园林空间，与秦淮河夫子庙景区的热闹形成对比，以不同的风格特点组成大秦淮旅游景区。

水体——水面有开有合，富于变化。

建筑——亭台楼榭，延续秦淮河两岸的建筑风格特点，突出明清风格和马头墙造型，并展示传统的江南园林风格。

桥梁——形态各异，造型优美，是水街中的一大特色。

绿化——大型乔木长势良好，参天水杉林营造出城市山林之优美。

水街西侧为高大杉树林，东侧为完整的明城墙和带状绿地。在规划中，将现有大树尽量保留，或位于院中，或置于街头，使其形成独特的景观要素。将规划西侧用地止于水杉林带，这样，保留的水杉林成为水街的十多米高的绿色背景，竖向高大挺拔的杉树与水街横向的构图形成对比。

设计要点——功能定位

区别于秦淮河—夫子庙的动态性、游赏性的旅游功能，确定以满足游客文化休闲活动需求为特征，以参与性、欣赏性、时尚性的旅游活动为主，画舫游于水中，容纳琴棋技艺、民间艺术等传统技艺的展示和可参与性的活动，并提供特色、高品位的旅游休闲、餐饮等配套服务。

设计要点——文化定位

文化特色突出"雅俗共赏"的特点，一方面突出"琴、棋、书、画、歌、舞、茶"传统七雅的文化特色，通过传统歌舞曲艺的表演、讲座等活动展示高雅的传统文化，另一方面也要充分体现秦淮河悠久的民间传统技艺，通过当地民间技艺、绝活的展示，表现真正具有生命力和本地特色的文化特征。

设计要点——手法定位

· 水系布局

水街的水系填补了白鹭岛东侧的原有水道，扩大了岛屿并与水街的建筑结合起来，水体注重开合对比，收放自然，形成既有水街的宜人尺度，又有适当开敞的水面，以丰富水系变化、适应演出和游船观赏的要求。

01 水街建筑的柱饰
02 水街的历史文化晚会

- 驳岸改造

由于水系沟通后水面将下降1.0米，驳岸作了重新改造。整个水街中，主要运用降低标高位置的手法，将驳岸降低，或增加亲水平台，更加突出水街的亲水性。

- 夜景设计

夜景照明系统主要包括水体照明、建筑照明、绿化照明三个部分。戏台结合具体演出进行照明设计，共同打造丰富的夜景效果。

水体照明采用了水下照明、地位岸线照明等形式突出岸线的曲线美感。还利用了周围的景观照明映在水中的倒影以塑造水体夜景，形成虚幻、富有意境的水体夜景效果。

建筑照明主要采用了轮廓照明的方式，进行强调照明，成为水街两侧的风景线。

景桥在白天观赏，具有轮廓清晰、造型优美的形态特点，夜景灯光加以强调，展示形态各异的桥梁景观。

（二）施工

南京市秦淮区政府着力打造"魅力秦淮、人文秦淮、富裕秦淮"，将水街融入"夫子庙内秦淮"风光带，从水上游览线上进一步加强白鹭洲公园与夫子庙主景区的关系，因此在施工过程中，严格把关各个设计要点，仅在选材方面，建设方就多次勘踏江南浙江富庶地区，买回拆迁的旧石材，用于水街铺地、造景和建筑造型等处，增加水街的古朴、沧桑味道，使观者如临其境，给人悠久的历史岁月感。

（三）经营招商

水街北段以自然的、素雅的芦荡岛屿作为起点，结合鹫峰寺素斋特色餐饮功能，在建筑的布局上设置了水上戏台，作为小型的观演场所。

以传统文化——琴棋书画、歌舞为主题的茶社、戏馆，以餐饮、表演等活跃气氛、吸引游客停留的休闲空间和画舫游船为主，作为水街的高潮段。

水街南段以餐饮功能为主，在文化特色上突出传统民俗、秦淮小吃等。

（四）管理

水街的开发建设采用了统一管理、市场开发的形式进行运作。政府成立了专门的开发管理委员会，对建设的整体风格布局进行严格控制，对具体的投资建设采用了市场化的运作模式。

（五）效益

商业化的操作既盘活了白鹭洲景区，又完善了市民多样化的需求定位。

01 夜景

02 施工现场

03 水街的经营招商

水街以明清风格和江南园林风韵为建筑主基调,引入品质休闲、高端餐饮等服务功能,初步形成了具有秦淮特色的多元化文化产业基地。

自开街以来,先后多次高规格接待省部级以上领导及国际知名人士,展示了秦淮独特的旅游、文化和商业魅力,得到了广泛的赞誉。

在中国商业地产第七届行业年会上,秦淮渔唱——白鹭洲水街获得"中国最具创新商业项目奖"。

当下文化街区的认识
Understanding of the Present Cultural Blocks

顾名思义，文化街区是在城市中具有一定文化特色的地段或区域。当下文化街区的定位首先是指经省、自治区、直辖市人民政府核定公布的保存文物特别丰富、历史建筑集中成片、能够较完整和真实地体现传统格局和历史风貌，并有一定规模的区域。这一类型是传承历史，延续城市文脉、肌理的历史文化街区（如南京高淳老街、成都宽窄巷子等）。其次是从城市旅游、休闲、景区等需求出发利用旧有设施或地段改造，建设的休闲、特色文化街区（如南京1912文化休闲街区）。在做法上大致有以下几种：

（一）本体保护

在"旧有"建筑环境、位置较好的情况下，对街巷直接保护、修复形成文化街区。对文物类建筑、重点"旧有"建筑等保护、修复并原味展示，强调原真性。对影响功能、破坏空间环境、有悖于历史风貌的建筑恰当改造，恢复历史原来的风貌，并通过当代技术，解决交通集散、保温节能、消防通信等方面的问题。

（二）新、旧结合

在文化街区建设中，常遇到区段内有少量文物类或"旧有"建筑。这些必须保护或保护性修复。要注意街区的保护等级、范围和自身的保存现状，采用不同的保护措施。"旧有"建筑在使用上会重新定位，但其文化价值，外观形象必须保护。对于新建建筑应保持原有空间格局。新、旧建筑在体量、形态、色彩等方面要协调统一。通常新、旧建筑相互整合时采取以下方式：

1. "涵旧于新"是将"旧有"建筑的一部分包含于新建的建筑中，使"旧有"建筑成为新建的一部分，这样不但可以继续利用旧建筑的空间，赋予其新的功能，而且可以提升新建筑的历史感，彰显文化特色。

2. "隐新于旧"是在"旧有"建筑之中包含新建建筑，根据新建筑的位置不同，可以将新建筑放在旧建筑的空间中和将加建的部分放置于旧建筑的地下等隐蔽部位，新建建筑处于从属部分。

3. "新旧相融"是在新建筑与旧建筑混合时，如何使它们相互融洽共生。这无外乎或同类协调，或差异共

01　本体文化的保护和展示
02　新与旧的结合

存，处理好新、旧建筑之间的矛盾，使建筑得以整体延续，形成功能不同的文化街区，才能为人们提供丰富有趣的都市活动场所。

（三）新建街区

文化街区的新建，首先要做好基础调研工作，定位要准确，地段选择须恰当，注重文化资源的挖掘与整合。其次，在形象表现、风格把握上应形成主调，这与功能定位、文化内涵、地域民风、规划主管方、投资建设方等都会左右项目的最终定型有关。不管过程如何，一个好的作品，其文化特色、观赏游览、怡人舒适、风格协调、功能完备是必须具备的。目前在风格取向上主要有以下几种类型：

1. 传统文化型

即以传统建筑形式，进行组合与单体表现。这类文化街区具有浓厚的地域特点，较强调其传统营造法式、法则。给人以古朴、底蕴厚重之感。如福州三坊七巷。

2. 传统创新型

该类街区以传统建筑形式为创新出发点，取其精华，把握总调，给人以清新、舒适之感，较好地诠释了传统文化。

3. 异域风情型

在文化街区营建中，采取猎奇求异，植入或选择异域城市街区建设蓝本，给人以新奇、异域文化之感。

4. 个性创作型

是以对项目的理解、特色为基础，进行个性化的创作，其作品应是开拓先河型。是融合现代艺术、技术为一体的反映当代文化特色的作品。如顺义新城第五街区。

5. 相互掺杂型

是以上述类型为基础，进行整合表现，形成热闹的文化街区氛围，同样具有游览、文化特性。

01 传统文化型：福州三坊七巷
02、03 传统创新型：深圳欢乐海岸

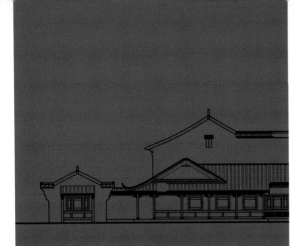

白鹭洲水街各部分设计及实景赏析

Design and Graphic Appreciation of Bailuzhou Water Street

区位 Location

区位
Location

白鹭洲公园位于内秦淮核心景区——夫子庙与外秦淮明城墙旅游风光带之间,距离夫子庙仅190米,具有非常明显的旅游区位优势。

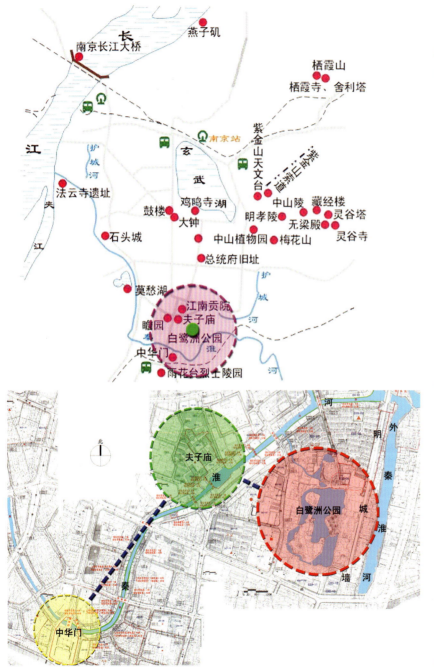

内秦淮—夫子庙的旅游区位

白鹭洲公园的旅游区位

区位
Location

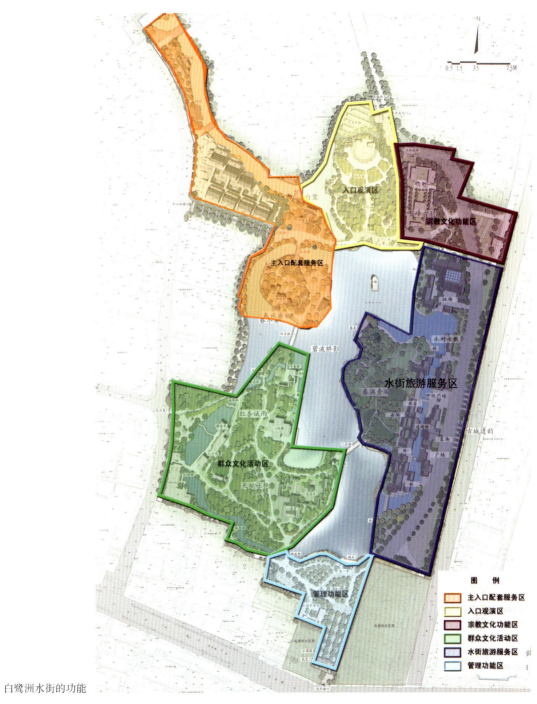

白鹭洲水街的功能

区位
Location

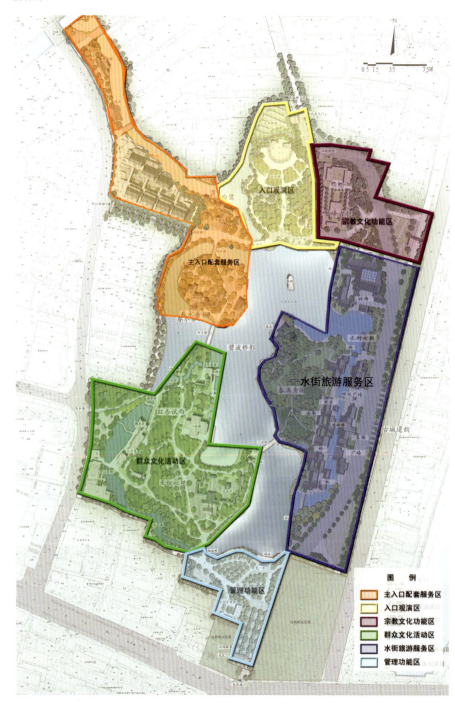

白鹭洲水街的位置

总图
General Plan

总图
General Plan

总图
General Plan

水街创意手绘鸟瞰图

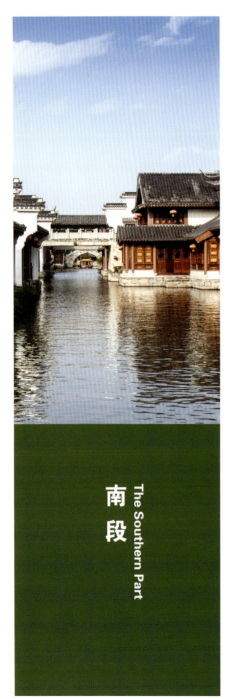

南段 The Southern Part

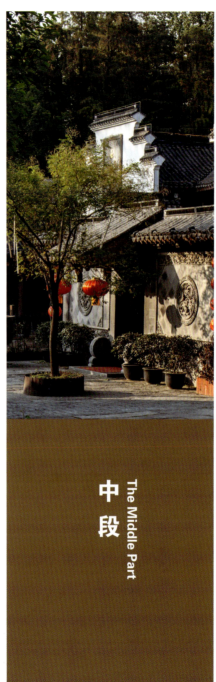

中段 The Middle Part

北段 The Northern Part

南段

The Southern Part

水街南段
The Southern Part of Water Street

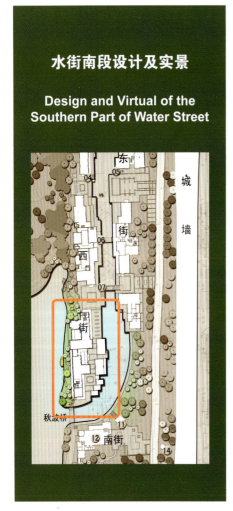

水街南段设计及实景

Design and Virtual of the Southern Part of Water Street

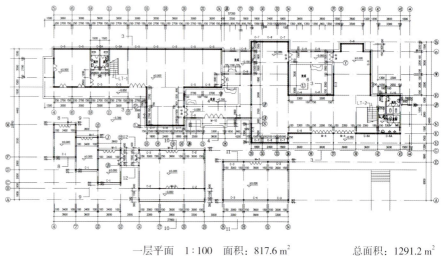

一层平面　1：100　面积：817.6 m² 　　　　总面积：1291.2 m²

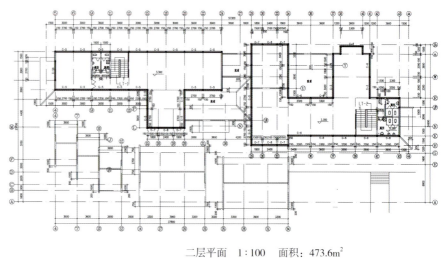

二层平面　1：100　面积：473.6 m²

水街南段
The Southern Part of Water Street

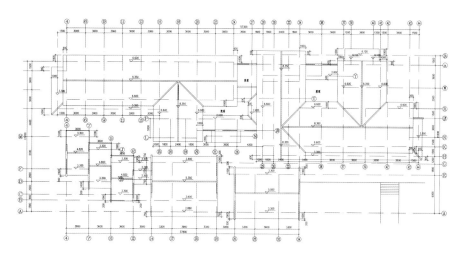

屋顶平面 1:100

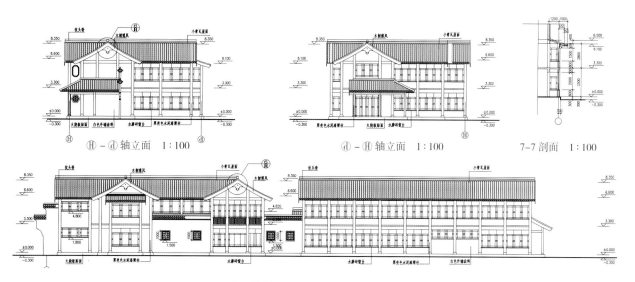

Ⓗ-ⓓ轴立面 1:100   ⓓ-Ⓗ轴立面 1:100   7-7 剖面 1:100

㊋-①轴立面 1:100

水街南段
The Southern Part of Water Street

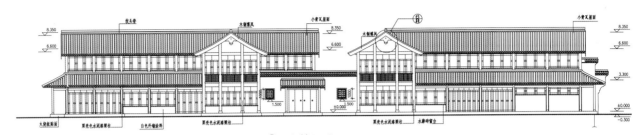

①-㊹轴立面 1:100

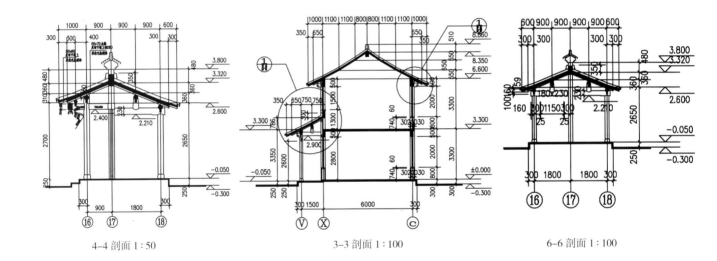

4-4 剖面 1:50　　　　　3-3 剖面 1:100　　　　　6-6 剖面 1:100

水街南段
The Southern Part of Water Street

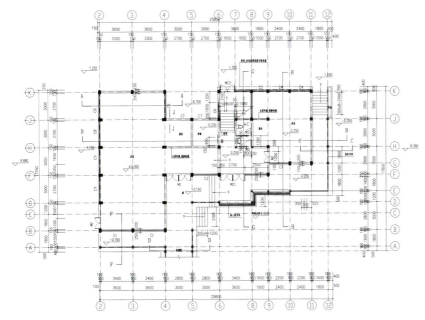

东街南段一层平面图　1:100

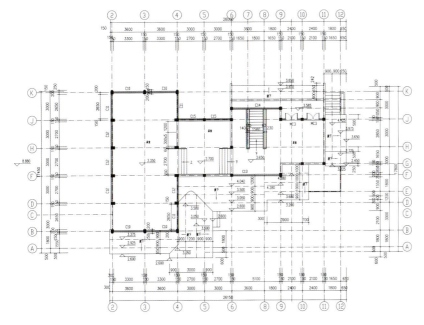

东街南段二层平面图　1:100

水街南段设计及实景

Design and Virtual of the Southern Part of Water Street

水街南段
The Southern Part of Water Street

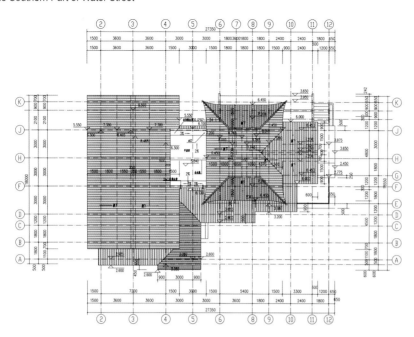

东街南段屋顶平面图　1：100

水街南段
The Southern Part of Water Street

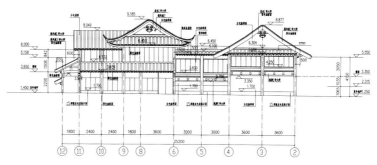

东街南段沿城墙立面图 1-1 1:50　⑫-① 立面图

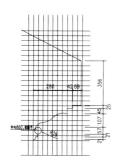

风火墙墙头大样图 1:20

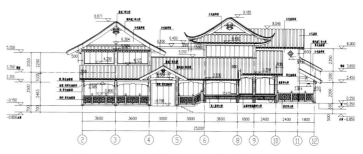

东街南段沿水立面图 1:50　①-⑫ 立面图

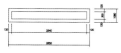

花池平面图 1:50

花池立面图 1:50

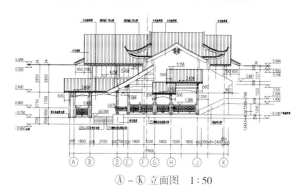

Ⓐ-Ⓚ 立面图 1:50

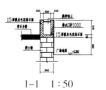

1-1 1:50

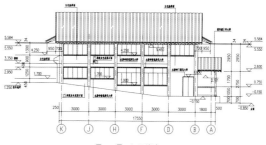

Ⓚ-Ⓐ 立面图 1:50

水街南段
The Southern Part of Water Street

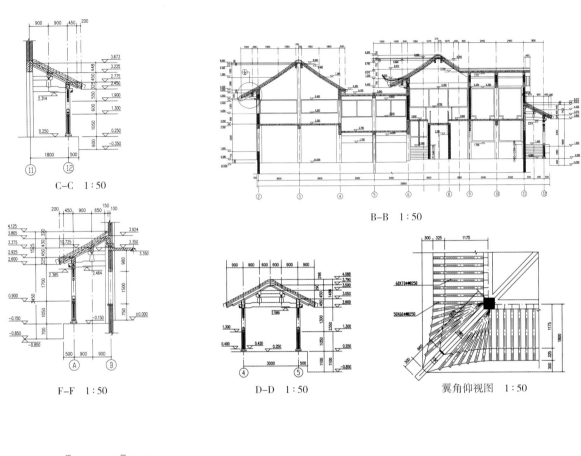

C-C 1:50

B-B 1:50

F-F 1:50

D-D 1:50

翼角仰视图 1:50

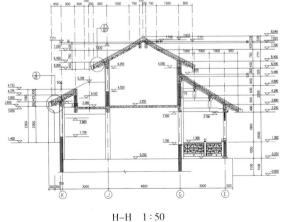

H-H 1:50

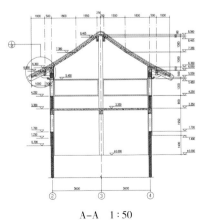

A-A 1:50

水街南段
The Southern Part of Water Street

水街南段
The Southern Part of Water Street

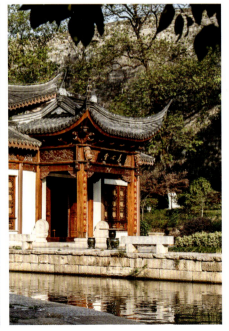

中段 The Middle Part

水街中段
The Middle Part of Water Street

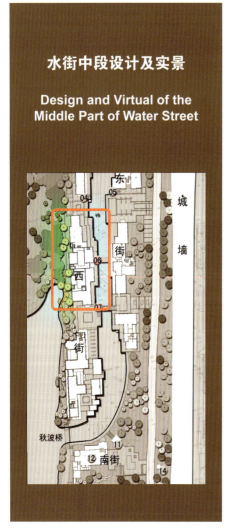

水街中段设计及实景

Design and Virtual of the Middle Part of Water Street

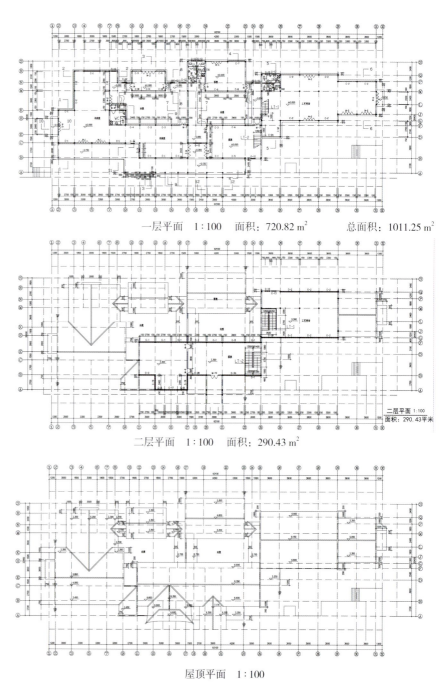

一层平面　1:100　　面积：720.82 m²　　　总面积：1011.25 m²

二层平面　1:100　面积：290.43 m²

屋顶平面　1:100

水街中段
The Middle Part of Water Street

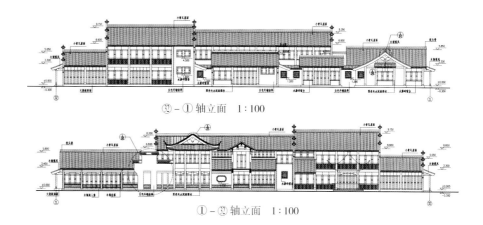

㉜－①轴立面 1:100

①－㉜轴立面 1:100

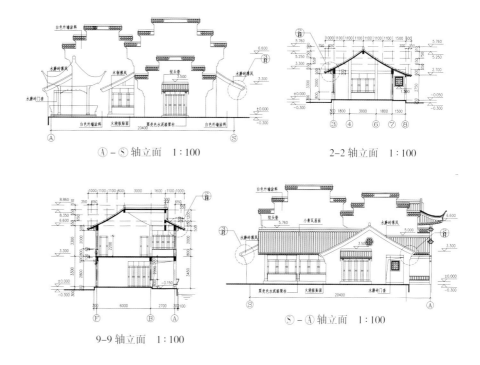

Ⓐ－Ⓢ轴立面 1:100

2-2轴立面 1:100

9-9轴立面 1:100

Ⓢ－Ⓐ轴立面 1:100

水街中段
The Middle Part of Water Street

水街中段
The Middle Part of Water Street

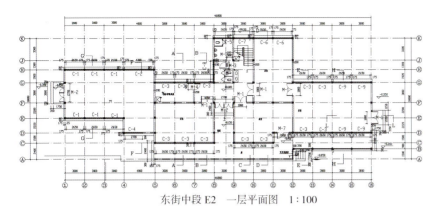

东街中段 E2 一层平面图 1:100

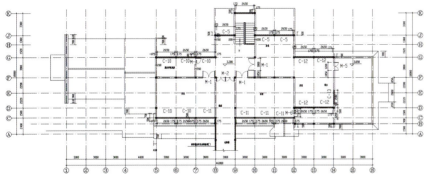

东街中段 E2 二层平面图 1:100

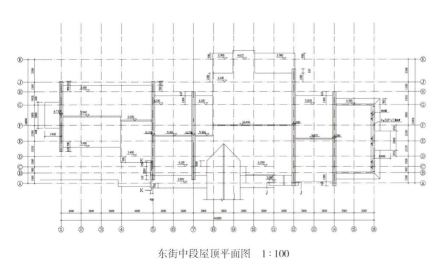

东街中段屋顶平面图 1:100

水街中段设计及实景

Design and Virtual of the Middle Part of Water Street

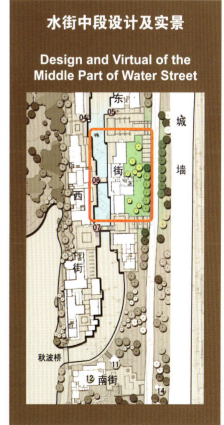

水街中段
The Middle Part of Water Street

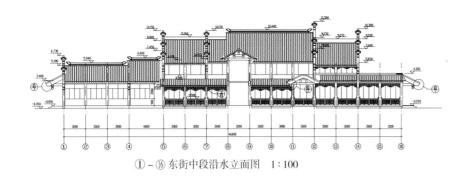

①-⑯ 东街中段沿水立面图　1:100

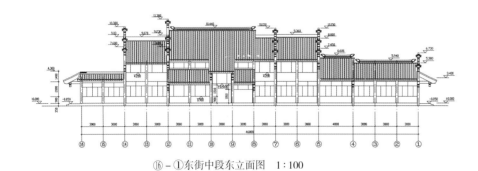

⑯-① 东街中段东立面图　1:100

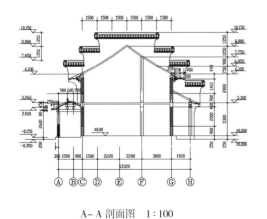

A-A 剖面图　1:100

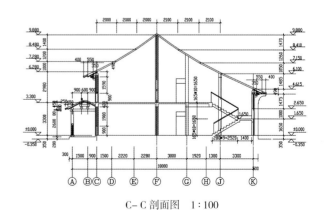

C-C 剖面图　1:100

水街中段
The Middle Part of Water Street

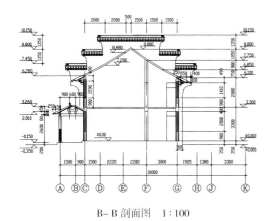

B-B 剖面图 1:100

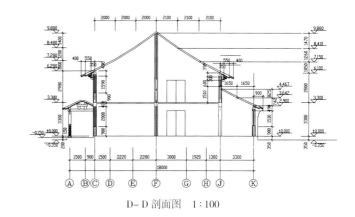

D-D 剖面图 1:100

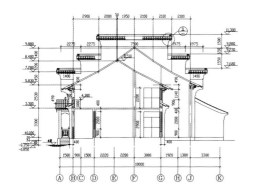

E-E 剖面图 1:100

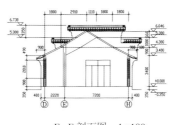

F-F 剖面图 1:100

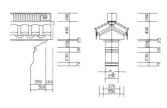

① 马头山墙大样 1:20

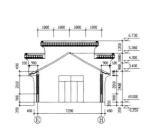

G-G 剖面图 1:100

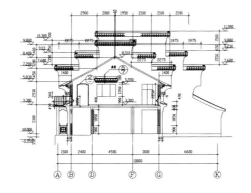

H-H 剖面图 1:100

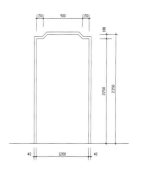

② 砖细门洞大样 1:20

水街中段
The Middle Part of Water Street

北段

The Northern Part

水街北段
The Northern Part of Water Street

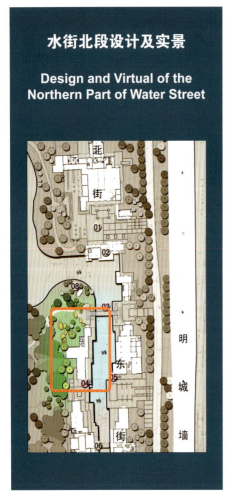

水街北段设计及实景

Design and Virtual of the Northern Part of Water Street

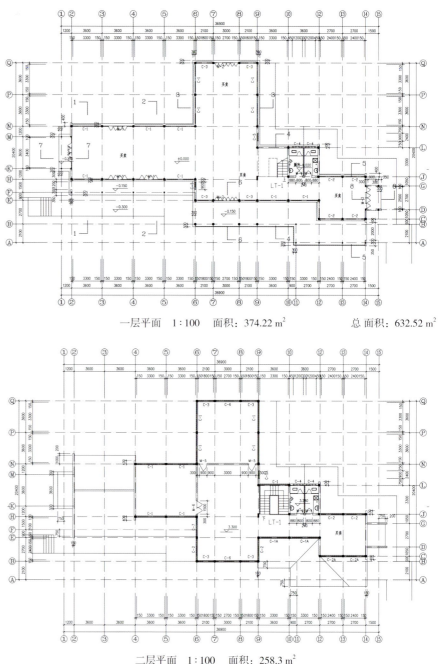

一层平面　1:100　面积：374.22 m²　　总面积：632.52 m²

二层平面　1:100　面积：258.3 m²

水街北段
The Northern Part of Water Street

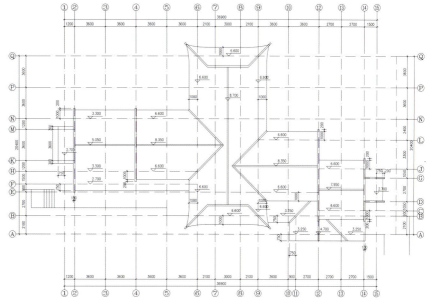

屋顶平面 1:100

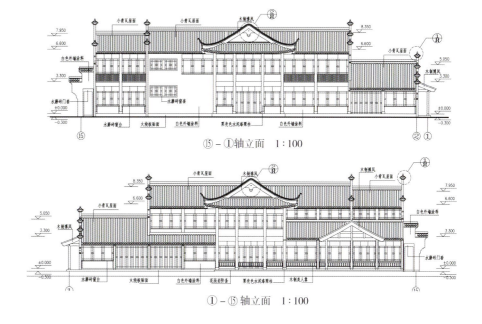

⑮-①轴立面 1:100

①-⑮轴立面 1:100

水街北段
The Northern Part of Water Street

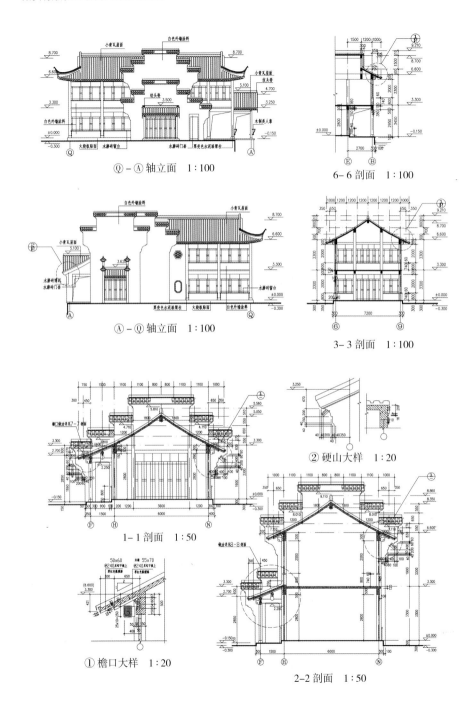

水街北段
The Northern Part of Water Street

水街北段
The Northern Part of Water Street

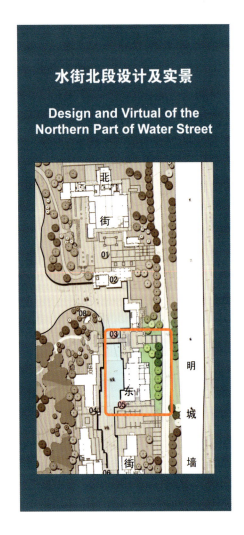

水街北段设计及实景

Design and Virtual of the Northern Part of Water Street

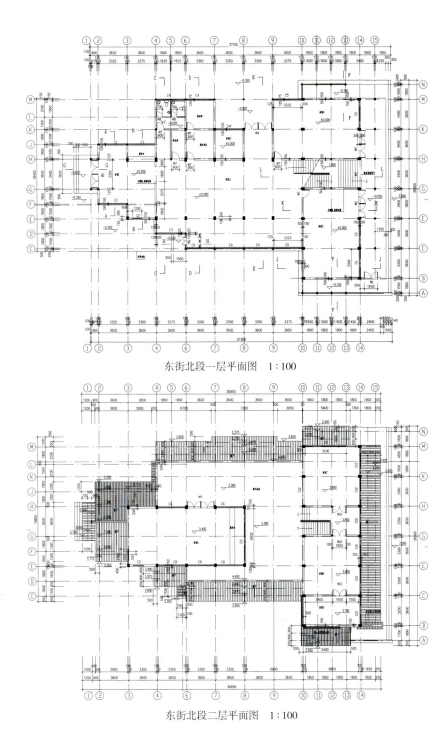

东街北段一层平面图　1:100

东街北段二层平面图　1:100

水街北段
The Northern Part of Water Street

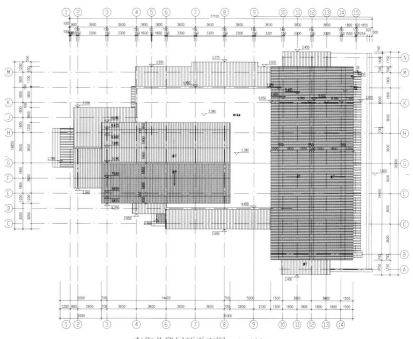

东街北段屋顶平面图 1:100

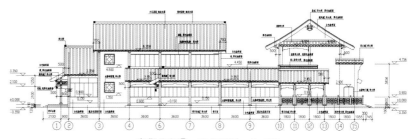

东街北段①-⑮立面图 1:100

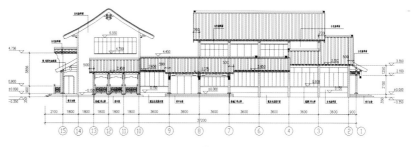

东街北段⑮-①立面图 1:100

水街北段
The Northern Part of Water Street

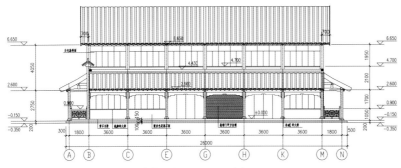

东街北段 Ⓐ-Ⓝ 立面图 1:100

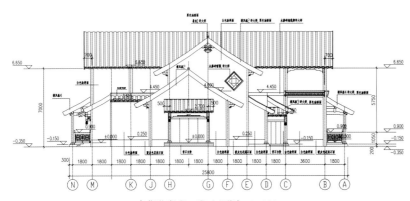

东街北段 Ⓝ-Ⓐ 立面图 1:100

水街北段
The Northern Part of Water Street

水街北段秦淮渔唱
The Northern Part of Water Street

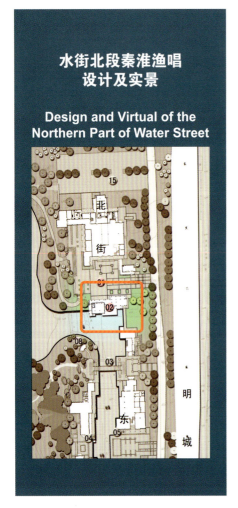

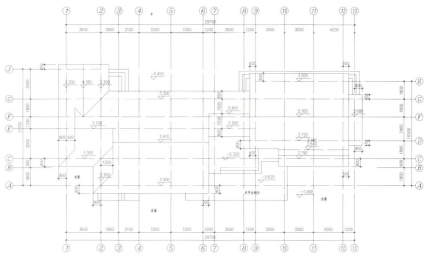

水街秦淮渔唱屋顶面图　1:100

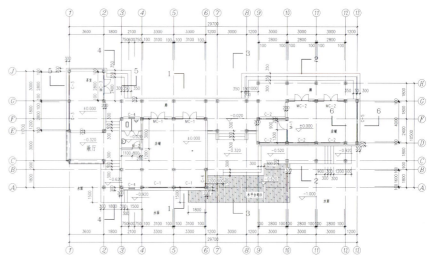

水街秦淮渔唱平面图　1:100　　面积：219m²

水街北段秦淮鱼唱
The Northern Part of Water Street

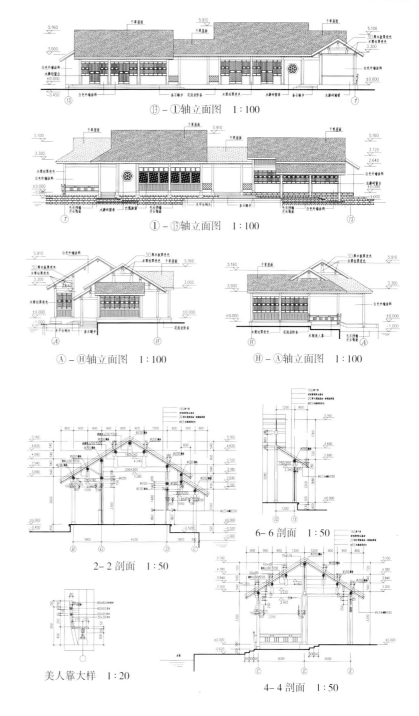

水街北段秦淮渔唱
The Northern Part of Water Street

白鹭洲水街细部实景赏析
Detail Graphic Appreciation of Bailuzhou Water Street

白鹭洲水街细部实景赏析
Detail Graphic Appreciation of Bailuzhou Water Street

垂柱及斗拱
Chuizhu & Brackets

白鹭洲水街细部实景赏析
Detail Graphic Appreciation of Bailuzhou Water Street

建筑细部
Architectural Detail

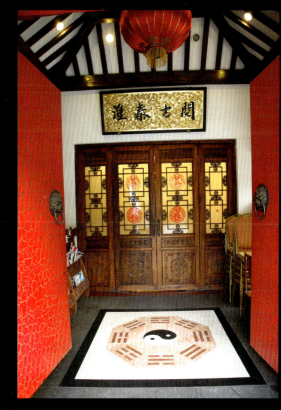

白鹭洲水街细部实景赏析
Detail Graphic Appreciation of Bailuzhou Water Street

建筑细部
Architectural Detail

白鹭洲水街细部实景赏析
Detail Graphic Appreciation of Bailuzhou Water Street

砖雕及抱鼓石
Brick & Drum Stones

白鹭洲水街细部实景赏析
Detail Graphic Appreciation of Bailuzhou Water Street

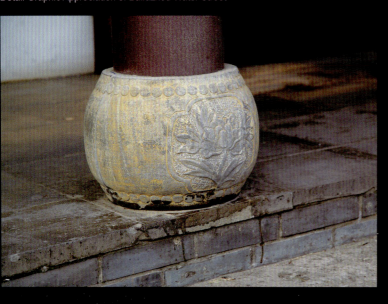

柱础及拱桥
Column Bases & Bridges

白鹭洲水街细部实景赏析
Detail Graphic Appreciation of Bailuzhou Water Street

桥及装饰
Bridges & Decorative

白鹭洲水街细部实景赏析
Detail Graphic Appreciation of Bailuzhou Water Street

铺装
Pavement

Detail Graphic Appreciation of Bailuzhou Water Street

环境及风情
Environment and Style

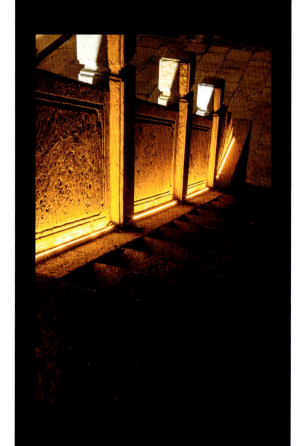

白鹭洲水街夜景赏析
Night View Appreciation of Bailuzhou Water Street

白鹭洲水街夜景赏析
Night View Appreciation of Bailuzhou Water Street

白鹭洲水街夜景赏析
Night View Appreciation of Bailuzhou Water Street

白鹭洲水街夜景赏析
Night View Appreciation of Bailuzhou Water Street

白鹭洲水街夜景赏析
Night View Appreciation of Bailuzhou Water Street

白鹭洲水街夜景赏析
Night View Appreciation of Bailuzhou Water Street

白鹭洲水街夜景赏析
Night View Appreciation of Bailuzhou Water Street

白鹭洲水街夜景赏析
Night View Appreciation of Bailuzhou Water Street

白鹭洲水街夜景赏析
Night View Appreciation of Bailuzhou Water Street

白鹭洲水街夜景赏析
Night View Appreciation of Bailuzhou Water Street

白鹭洲水街夜景赏析
Night View Appreciation of Bailuzhou Water Street

白鹭洲水街夜景赏析
Night View Appreciation of Bailuzhou Water Street

**Nanjing Institute of Landscape Architecture
Design and Planning Co.Ltd**

获奖情况
Awards

江苏省"建筑师杯"一等奖

南京市优秀工程设计一等奖

后记
Postscript

  经过一年的收集整理，多次讨论，集思广益，《白鹭洲水街》终于成书。通过白鹭洲水街设计、建设，我感到项目建设业主的决策非常重要，而设计单位的能力、经验是促成高品位作品实现的关键。我院是有着几十年历史的风景园林专业设计院，设计过各种类型的风景园林项目，有着许多成功的经验。这次将水街设计过程收集、整理，既是一个总结提高的过程，又是一个再记忆、再创造的过程，这对于未来设计活动大有裨益。古人很崇尚著书立说，有的大儒将此作为一生的努力目标。这几年"风景园林"专业方面的书籍、杂志较多，但真正能够对某一类项目有触动指导作用的图书屈指可数，《白鹭洲水街》若能在文化街区设计这方面为同行业界提供有意义的借鉴，则善莫大焉。

  在此，我首先要向白鹭洲水街项目建设的主要决策者、管理者冯亚军先生和戴新先生表示感谢！对为"水街"建设付出辛勤劳动的蔡鹏程、王真理、吕纯秀等建设者表示感谢！对为此书收集整理资料的戎旭、刘慧杰、朱敏致谢！向跟踪拍摄、提供实景实物画面的李晶致谢！向文字整理工作的霍举成、朱巧致谢！向最后编辑排版的汤文浩致谢！向参与该项目设计的所有人员致谢！

李浩年
2012.8.28

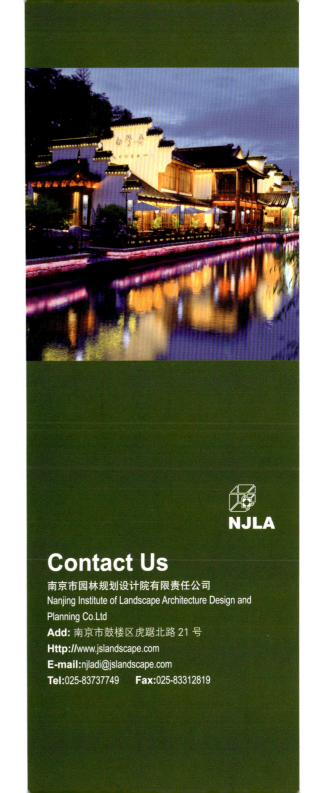

Contact Us

南京市园林规划设计院有限责任公司
Nanjing Institute of Landscape Architecture Design and Planning Co.Ltd
Add: 南京市鼓楼区虎踞北路 21 号
Http://www.jslandscape.com
E-mail:njladi@jslandscape.com
Tel:025-83737749   **Fax:**025-83312819